El libro de la Luna

por Layne deMarin

Tabla de contenidos

Consultora:
Adria F. Klein, Ph.D.
California State University, San Bernardino

capstone classroom
Heinemann Raintree • Red Brick Learning
division of Capstone

La Luna

La Luna es la vecina más cercana de la Tierra en el espacio. De noche, es el objeto más brillante en el cielo. Brilla más que cualquier otra estrella o planeta.

Hace mucho tiempo, las personas miraban hacia arriba y se preguntaban sobre la Luna. No sabían mucho sobre ella. Algunas personas pensaban que la Luna era una diosa que vivía en el cielo.

Brillo de Luna

Ahora sabemos mucho más que antes sobre la Luna. Sabemos que la Luna brilla porque **refleja** la luz del Sol.

La luz que brilla desde la Luna en verdad proviene del Sol. La Luna solo refleja la luz solar. No puede emitir su propia luz de ninguna manera.

Las fases de la Luna

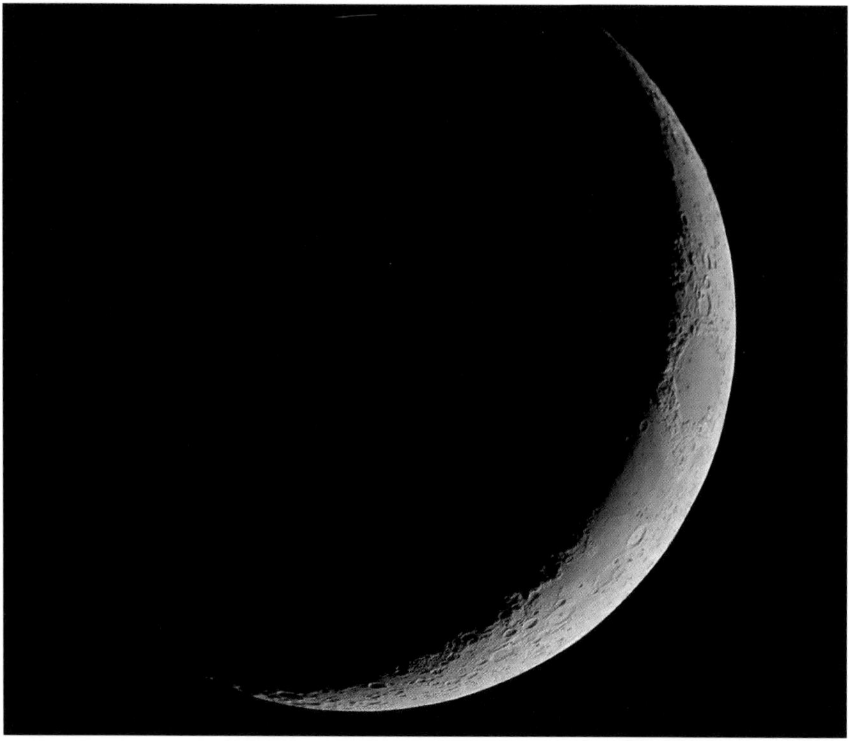

A veces solo podemos ver una delgada curva de la Luna en el cielo. La luz solar solo brilla sobre una pequeña parte de la Luna.

A veces la luz de la Luna es tan brillante que se puede ver con facilidad el camino durante la noche. Esto se debe a que la luz del sol brilla sobre una cara completa de la Luna.

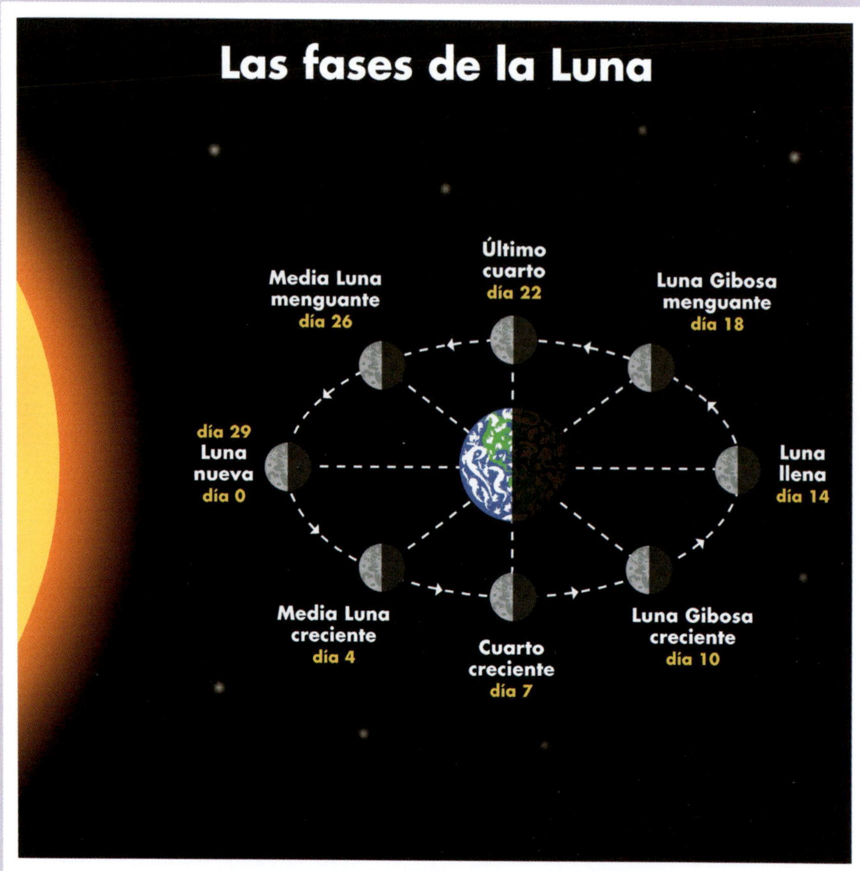

También sabemos que la Luna **orbita** alrededor de la Tierra. La Luna tarda aproximadamente un mes para completar un viaje alrededor de la Tierra.

Todos los meses, la Luna pasa por todas sus **fases**. Cada fase hace que la Luna se vea de forma diferente en el cielo.

La vida en la Luna

La Luna se compone de polvo, ceniza y rocas. Tiene sierras y valles. También tiene grandes agujeros llamados **cráteres**. Algunas veces las sombras sobre su superficie nos hacen pensar que la Luna tiene una cara. Esto es lo que las personas quieren decir cuando hablan de "el hombre en la Luna".

Por supuesto, ningún hombre vive en la Luna. No hay viento ni agua en ella. No es posible la vida allí para ningún tipo de plantas o animales.

Sin embargo, los seres humanos pueden visitar la Luna. En 1969, los primeros **astronautas** aterrizaron en la Luna. Tomaron fotos y juntaron rocas lunares para traer a la Tierra.

Los astronautas tienen que usar trajes especiales en la Luna. Estos trajes los protegen de las temperaturas terriblemente altas que hay durante el día y del frío extremo durante la noche.

Estos trajes especiales también impiden que los astronautas floten en el espacio. La Luna no tiene tanta **gravedad** como la Tierra. Si saltas allí, ¡puedes saltar tan alto como la copa de un árbol!

Algún día los científicos puede que construyan estaciones espaciales en la Luna. Los astronautas podrían detenerse allí a descansar y a cargar combustible en su viaje hacia otros planetas. ¡Es posible que tú también puedas visitar la Luna!

Glosario

astronauta persona que viaja en el espacio

cráteres agujeros profundos en la superficie de un planeta

fases diferentes formas que atraviesa la luna

gravedad fuerza que empuja los objetos hacia la superficie del planeta

orbitar viajar en círculo alrededor de algo, por ejemplo, un planeta

refleja rebota, como la luz solar en la luna